Du Danger Des Inhumations Précipitées...

Hyacinthe Le Guern

Division de cet Ouvrage :

———————

DU DANGER

DES

INHUMATIONS

PRÉCIPITÉES,

PAR

H. LE GUERN

(Du Morbihan),

Membre de plusieurs Sociétés savantes et de l'Athénée des Sciences
religieuses.

5e ÉDITION.

Ouvrage déposé à la
Bibliothèque royale par ordre
de S. M., et renvoyé à M. le Ministre
de l'Intérieur par la Chambre
des Députés.

PARIS,

CHEZ TOUS LES LIBRAIRES.

1837.

C'est au **ROI**, aux Ministres, aux Législateurs, aux Conseils municipaux et aux Philanthropes que je m'adresse.

Cherchant à discourir sur l'humanité, noble objet de leurs constantes sollicitudes, j'aurai le bonheur de m'en-

tretenir avec les citoyens recommanda-
bles qui, s'attachant à démontrer que
la vertu a son germe dans l'ame et que
c'est une conséquence de son origine,
honorent et illustrent ce grand siècle.

En effet, un jugement unanime et
bien fondé, confirme que toutes leurs
inspirations et les vœux de la nature
bienfaisante sont synonymes. Loin
d'offrir ce faible tribut de mes occupa-
tions à des êtres dépourvus de sensibi-
lité, ce sera donc aux sages mêmes qui
savent allier à la dignité de leurs de-
voirs la plus haute convenance et la
plus touchante bonté.

Cette pensée m'enhardit, et je veux y répondre en exposant un projet qui, je crois, mérite de recevoir son exécution.

I.

Prolégomènes généraux. — Incertitudes touchant l'état de Mort absolue.

FRAPPÉ de l'idée de la *mort*, relativement à ceux qui deviennent sans cesse victimes de la destruction, je ne me suis pas dissimulé combien il importerait que ce dernier jour du drame de l'existence humaine fixât l'attention générale.

A cet égard, les gens de l'art peuvent être surpris. La *mort* se connaît bien par opposition avec la vie ; mais les apparences sont trompeuses, et les expériences employées jusqu'à ce jour, on le sait, sont par trop incertaines (1).

La médecine dogmatique, selon Pitearn (2) n'est ni un art ni une science, parce qu'elle ne connaît pas assez son objet, et que ses principes ne sont pas assez *sûrs* pour mériter ce nom.

Depuis plus de deux mille ans que la médecine est exercée avec plus ou moins de régularité, l'on n'a pas encore découvert un remède *certain* pour aucune maladie. La médecine est *incertaine* dans son objet comme dans ses moyens ; *elle n'opère qu'à tâtons ;* elle n'a, le plus souvent, que le triste mérite d'en-

(1) Labourey, chimiste distingué, dit que l'expérience de tous les jours nous explique suffisamment ce grand et intéressant mystère. En effet, sitôt qu'un *docteur* tombe malade, vite, vite, *un autre docteur.* C'est sans doute parce que, épouvanté des incertitudes de sa propre *science,* il espère qu'elle sera plus *réelle* chez son collégue.

(2) Fameux médecin Écossais.

tretenir le reste d'espérance qui accompagne l'homme au tombeau ; elle peut prescrire un traitement qui, employé une fois avec succès, produit souvent des résultats contraires. Elle est presque toujours réduite à un *peut-être* (1).

Or, je pose en principe que le délai accordé entre la *mort* et l'inhumation, ne suffit pas toujours. C'est peut-être ici le lieu de répéter cet adage que *le temps seul décide de toutes choses et non pas les hommes.*

Aussi, pour éviter aux hommes le plus cruel des supplices, et afin de leur assurer un repos sans trouble dans la tombe, je dis qu'on devrait, dans l'intérêt de tous, apporter une grande circonspection à l'instant où un individu, quel qu'il soit, semble atteint des symptômes de la *mort.*

Il y a plusieurs degrés de *mort.* La cause qui arrête la respiration et la circulation, finit

---

(1) V. *Théorie nouvelle de la maladie scrofuleuse* par Sat Deygalières, docteur médecin de la faculté de Montpellier ; et le *manuel de santé,* par Audin Rouvière, médecin consultant. Éditions de 1824 et 1829.

bien par anéantir la vie : mais un temps plus ou moins considérable s'écoule souvent entre la *mort imparfaite* et la *mort absolue.*

Je vais m'expliquer :

La *mort volontaire* ou *extatique* n'est point un fait contestable. Beaucoup d'historiens assurent avoir vu des personnes qui, par le seul acte de leur volonté, restaient sans mouvement, sans pouls, sans respiration, roides, glacées, pour reprendre ensuite l'exercice ordinaire des sens,

Cheyne (1), auteur véridique, dit qu'il a été témoin d'un semblable fait, et que la *mort* lui paraissait si décidée, si définitive, qu'il avait déjà pris le parti de se retirer. Cependant l'extase finit, la *mort* cessa, le pouls et la respiration revinrent par degrés. Il s'agit ici du colonel Townshend ; le pharmacien Schrine et le docteur Baynard furent témoins de ce phénomène.

(1) Cheyne (Georges), docteur en médecine et de la Société royale de Londres. L'Abbé de la Chapelle a traduit l'un de ses ouvrages ayant pour titre : *Règles sur la santé.* 2 vol., 1749.

D'autres exemples de cette nature ont été rapportés par Haller dans sa *physiologie*.

Or, ce qui est un acte *volontaire* peut aussi provenir d'accidents particuliers et inattendus, ou bien de ce que l'esprit est fortement préoccupé.

Quelquefois, le corps, sans être inanimé, demeure et paraît tel, avec un mouvement si lent et une respiration si faible, que les indices en sont presque inaperçus. La chaleur abandonne le malade ; il est entièrement saisi d'une sueur froide ; tout ses membres sont pâles comme s'il était *mort*. C'est ce qui arrive dans la *syncope*, dans la *pâmoison*, etc., etc., alors toute précipitation peut devenir funeste (1).

Tulpius (Nicolas), de Hers (Henri) et autres, rapportent des observations par lesquelles ils assurent avoir vu de jeunes filles et de jeunes hommes passionnément amoureux, tomber dans cet état par le chagrin.

_____

(1) Les animaux qui dorment tout l'hiver sont dans un état de *mort apparente*. Pendant la durée de ce sommeil léthargique on peut disséquer plusieurs de ces animaux sans qu'ils donnent aucun signe de douleur.

M. de Sauvage (1) affirme dans ses *classes de maladies*, avoir vu, en 1728, à Montpellier, un homme qui, ayant ouï dire qu'on devait l'emprisonner, fut si saisi de peur, qu'il en perdit le mouvement et le sentiment. On avait beau crier, l'interroger, le pincer, il ne bougeait ni ne disait mot ; il tenait les yeux à demi ouverts, conservant toujours la même attitude.

Plusieurs autres circonstances peuvent amener à cet état.

Forestus conserva la vie à une femme qui était dans un tel état torpeur que tout le monde la croyait *morte*.

Dans l'irrésolution qui accompagne ordinairement ces époques critiques de la *mort*, ne serait-il pas essentiel, ne serait-il par urgent (les fonctions vitales étant souvent susceptibles de recommencer leur jeu), d'employer tous les moyens reconnus propres à conserver l'existence aux hommes ne dormant pas réellement du sommeil *définitif?*

(1) Sauvage (François Boissier de) né à Alais en 1706. Il se consacra à la médecine, et on le regardait comme le Boerhaave du Languedoc.

II.

Exemples de Personnes condamnées à la Mort absolue par imprévoyance.

Qu'on y réfléchisse, il s'est passé, *il se passe* des scènes tragiques dans les cimetières, je veux dire dans les tombeaux où, parfois, l'on a trouvé des *cadavres* qui *avaient* non seulement dévoré les linges, mais tout ce qui se trouvait à portée de la bouche, leur propre chair.

Lisons l'histoire : entrons, j'y consens, dans cette affreuse vallée aux morts, et parcourons ici quelques unes des pages qui constatent de si grands malheurs.

Henri, comte de Salm, fut enterré vivant.

Quelques uns entendirent pendant la nuit,
dans l'église de l'abbaye de Haute Seille, où il
était déposé, de grands cris ; et, le lendemain,
son tombeau ayant été ouvert, on trouva le
corps renversé et le visage en bas, tandis qu'il
avait été inhumé sur le dos, le visage en haut.

Alexandre Benedictus dit qu'une hystérique
ensevelie vivante, reprit ses sens dans le tombeau et périt de la mort la plus affreuse.

M. Bernard, maître chirurgien de Paris,
atteste qu'étant avec son père à la paroisse de
Réal, on tira du tombeau un religieux de St-
François, lequel ayant été inhumé depuis *trois*
ou *quatre* jours, s'était rongé autour de la liga-
ture qui lui assujettissait les mains... mais il
mourut en prenant l'air.

Un homme ayant été enterré à Bar-le-Duc,
tout-à-coup du bruit se fit entendre dans sa
fosse. Le lendemain on trouva qu'il s'était
rongé les chairs... Ce dernier avait bu de l'eau-
de-vie avec excès et fut inhumé comme *mort*...

Nous savons que l'Empereur Zénon, dit
l'*Isaurien*, se fit entendre du fond de son cercueil. Mais il paraît que sa *mort* fut résolue,

Zonare, historien grec, dit qu'un jour que ce prince était extrêmement assoupi, Ariadne, sa femme, le fit mettre dans un sépulcre et annonça qu'il était *mort*. Lorsqu'il sortit de son assoupissement, il cria qu'on vînt le secourir, mais tous les courtisans restèrent sourds à la voix du patient, lequel se vit réduit, en périssant, à n'avoir pour nourriture et pour breuvage que ses membres et son sang.... Malgré cette circonstance, il est permis de conjecturer que, lors de l'inhumation, l'ivresse de Zénon (et il buvait excessivement) fut de nature à tromper une partie de ses gens (1).

Raufft parle d'une femme de Bohême qui, dans sa fosse, avait mangé une partie de son linceul sépulcral (2).

Un autre prétendu *mort* en Moravie, dévora, affamé qu'il était, les linges d'une femme placée à ses côtés.

(1) Avril 491. Cette aventure est rapportée de diverses manières par les historiens.

(2) Ceci se passa au milieu du XVe siècle.

Du temps de Luther (1) un homme cru *mort* et une femme de même, se rongèrent les entrailles...

Voici une anecdote qui n'est pas moins horrible :

Le docteur Crafft raconte qu'une demoiselle d'Augsbourg, étant *morte* d'une suffocation de matrice, fut enfermée dans un caveau bien muré. Au bout de quelques années le caveau fut démoli, et on trouva la jeune fille sur les degrés, près de l'ouverture, n'ayant plus de doigts à la main droite.

(3) Par conséquent au XV⁰ ou XVI⁰ siècle.

III.

Morts imparfaites dissipées par cas imprévus.

Tout ce qui vient d'être lu, prouve que les signes ordinaires et apparents ne caractérisent pas toujours la *mort* d'une manière suffisante.

Ce qu'il y a d'épouvantable, c'est qu'en général les résurrections naturelles dont il est fait mention, arrivèrent par cas imprévus.

C'est ainsi qu'un jeune homme revint à la vie, au sentiment, veux-je dire, parce que ceux qui le portaient en terre, laissèrent tomber sa châsse par maladresse ; la secousse le sauva.

Platon parle d'un guerrier blessé grièvement sur le champ de bataille, lequel resta *dix jours* parmi les morts, privé de sentiment. Porté chez lui, il se ranima *deux jours après*, lorsque tout se disposait pour ses funérailles, et que son corps était déjà sur le bûcher.

Asclépiade fit suspendre l'inhumation et rendit la vie à un malheureux qu'on portait au tombeau.

Amatus Lusitanus a raconté l'histoire d'une jeune fille de Ferrare que tout le monde croyait *morte* d'apoplexie et qui revint de cette *mort* apparente, le *troisième* jour.

Pline parle aussi de deux Lucius (Agiola et Lamia) que les flammes du bûcher rappelèrent à la vie, et qu'on ne put sauver de l'action terrible du feu.

Zacchias (Paul) célèbre médecin de Rome, dit que, dans l'hôpital du Saint-Esprit, un jeune Napolitain, attaqué de la peste, tomba dans une syncope si entière, que ses médecins, à l'unanimité, le déclarèrent *mort*. Dans le temps qu'on transportait le *mort* au delà du Tibre, il donna quelques signes de vie. Deux jours après, le même individu retomba dans une pareille syncope : pour cette fois il fut réputé *absolument mort*, mais il revint de nouveau à l'existence.

Misson, Guillaume, Fabry, etc., rapportent des exemples de cette nature.

Diemerbroek (1) atteste qu'un paysan paraissant *mort* de la peste, on se préparait à l'enterrer après les *vingt-quatre heures*, suivant la coutume: Le manque de cercueil fit différer la cérémonie jusqu'au lendemain; et on s'aperçut alors qu'il commençait à reprendre l'usage de ses sens.

Louis a emprunté aux causes célèbres un exemple de *mort apparente* fort extraordinaire :

Un jeune religieux étant en voyage et logeant dans une maison où l'on venait d'ensevelir une jeune fille qu'on croyait *morte*, s'offrit pour passer la nuit dans la chambre où était le cercueil. L'idée lui vint de découvrir cette fille et de l'examiner. Sa beauté enflamma ses sens,

(1) Diemerbroek (Isbrand) né à Monfort en Hollande, est mort en 1674, âgé de 65 ans. Il écrivit quatre livres sur la peste, qui sont insérés dans son *recueil de traités de médecine* publié à Genève en 1721.

et il satisfit brutalement ses désirs. Le lendemain il partit. Cependant la *morte ressuscita*,
et, neuf mois après, mit au monde un enfant,
au grand étonnement de ses parents et au sien.

IV.

Morts imparfaites dissipées par les incisions faites sur quelques individus.

———

Quelquefois la *mort* s'est dissipée, chez divers sujets, par les incisions faites pour les ouvrir.

Ce fut par une semblable erreur que le grand Vésal (1), ayant procédé à l'ouverture d'un gentilhomme Espagnol, aperçut, dès qu'il eût enfoncé l'instrument, quelques signes de vie,

---

(1) Vésal (André), natif de Bruxelles. Il fut déféré à l'inquisition par les parents de l'Espagnol dont on va parler, pour avoir continué l'opération. On sait à quelles conditions le roi d'Espagne délivra ce célèbre anatomiste qui mourut de faim dans l'île de Zante, à l'âge de 58 ans.

et la poitrine ouverte lui fit reconnaître le mouvement du cœur.

Le cardinal Espinosa, ministre de Philippe II, étant disgracié, *mourut* de douleur. Lorsqu'on l'ouvrit pour l'embaumer, le *mort* porta la main sur son cœur palpitant.

Terrili, j'en ai souvenance, parle d'une femme de Bohême qui donna quelques signes de vie au second coup de bistouri.

Philippe Peu pratiquait l'opération *césarienne* sur une femme qu'il croyait *morte*, lorsque la trépidation de tout le corps, le grincement des dents et les mouvements convulsifs des lèvres sous l'action de l'instrument, lui apprirent qu'elle vivait encore.

L'abbé Prévost fut trouvé dans la forêt de Chantilly, privé de sentiment et de mouvement. On le crut *mort*. Un chirurgien procéda à l'autopsie cadavérique ; mais à peine eût-il plongé le scalpel dans le corps du malheureux apoplectique, qu'un cri, arraché par la douleur à sa victime, lui fit connaître sa méprise. Prévost ne revit la lumière que pour sentir toute l'horreur du genre de *mort* par lequel il périssait.

Ne sait-on pas encore que plusieurs personnes durent l'existence à l'avidité de ceux
qui descendirent furtivement dans leurs tombes?

Combien de malades ont revu la lumière,
après avoir reçu les honneurs funèbres!

Ces sortes d'anecdotes sont trop communes
pour que j'entreprenne ici d'en relater un grand
nombre.

V.

Opinion d'un Régent de la Faculté de Paris sur les apparences de la Mort.

En 1740, un docteur, régent de la Faculté de Paris, soutint une thèse dans laquelle il éleva la question de savoir si les expériences de la chirurgie (1) sont plus propres que toutes autres à découvrir des marques moins incertaines d'une *mort douteuse* (2). Il y déclara que,

(1) La chirurgie consiste à détruire la partie pour sauver le principal. Il n'en est pas ainsi de la médecine dogmatique qui grossit sans cesse la classe des incurables, et n'a pour ressources que des curatifs plus ou moins rebutants, douloureux et pleins de dangers.

(2) M. Bruhier d'Ablaincourt (J. J.), a, je crois, traduit cette thèse.

dans plusieurs rencontres, les marques de la *mort* sont *très-douteuses*, et cita quelques exemples frappants de personnes mises en terre, lesquelles n'étaient pas *mortes*.

« Duns (1) dit-il, religieux de l'ordre de « Saint-François, fut enterré vivant, à Colo-« gne ; et, son tombeau ayant été ouvert quel-« que temps après, on trouva qu'il s'était rongé « le bras... »

Du reste j'ai trouvé que cet événement est relaté :

1.° Par Bzovius ;

2.° Par Latome ;

3.° Par Jove, historien ;

4.° Dans un manuscrit latin concernant la secte d'Herman, chef des Fratricelles.

Un pareil malheur se renouvela, il y a vingt ans, aux environs de la ville de Rome, et la tradition s'en conserve. La veuve et la fille du personnage en question demeurent présentement à Neuilly.

---

(1) Duns (Jean), natif de Donston, mort en 1308, âgé de 30 à 35 ans.

Quels soupçons désolants s'élèvent ici sur le sort de ceux qu'on inhume à la hâte, sans attendre que des indices infaillibles aient souverainement décidé de leur *mort absolue !*

Je suis persuadé que ces catastrophes ont pu, seules, donner naissance au préjugé vulgaire qui accrédite les fantômes et ajoute foi à la résurrection instantanée !

Jadis le peuple, maintenu dans l'ignorance et confirmé dans sa crédulité, prêtait l'oreille à la voix des *morts ;* étonné, effrayé de quelques cris plaintifs qui partaient à l'improviste du fond des caveaux, il tremblait... Mais aujourd'hui, du moins en France, les souterrains de nos églises sont fermés ; désormais c'est toujours la terre qui nous recueille et nous presse dans son sein : je conçois qu'aucune victime ne puisse plus se faire facilement entendre.

VI.

Avons-nous des exemples récents? — Devons-nous en redouter?

> À quoi bon une semblable demande? Je ne suis point la seule qui ait trompé l'œil des gens de l'art. — À l'âge de cinq ans, le docteur M** ordonna d'ensevelir mon corps; et cependant ce docteur n'était rien moins que mon père.
>
> Comtesse de R** (*Lettre à l'Auteur*).

Jusqu'ici je n'ai point rapporté de faits qui se soient passés précisément de nos jours; mais ce qui a existé peut exister encore. Quelle que soit ma conviction personnelle à ce sujet, je ne voudrais point, remuant inconsidérément la poussière des tombeaux , entrer dans des détails peu connus.

Des bruits non confirmés , des *on dit* sortis peut-être de l'urne mensongère , sont inutiles pour le moins , et ne feraient que réveiller l'affliction des familles ; affliction légitime qu'il faut ménager et respecter.

Déjà les faits antérieurs parlent assez. Toute probabilité qui intéresse l'homme est une vraisemblance : pour être à craindre , il peut suffire qu'elle ait eu lieu.

Toutefois, je me ferais fort de produire et d'attester un grand nombre d'exemples, si de justes considérations n'arrêtaient ma plume. Car, chose certaine, à l'exhumation des cadavres, il s'en est trouvé, *il s'en trouve* qui ont changé de place, de posture, de situation ; preuve irréfragable que par imprévoyance, ils furent condamnés à la *mort absolue.*

D'ailleurs en faisant soi-même quelques recherches sur l'histoire des temps modernes, on se convaincra très-aisément que diverses personnes faillirent être ainsi enterrées.

En juillet 1832 , un lancier *mourut* du choléra-morbus, à Provins. Comme on se disposait à descendre son cercueil dans la fosse, les spectateurs entendirent des cris étouffés ; la bière fut ouverte, et le *mort* s'en retourna à l'Hôtel-Dieu.

Les journaux du mois de janvier 1834 ont fait connaître qu'un moine d'Eschingen avait été inhumé dans le caveau de son couvent, et qu'au bout de quelques jours un autre moine étant *mort*, on eut l'occasion de rencontrer le premier sur les marches élevées du caveau. Cet infortuné, revenu d'une longue léthargie, y mourut de faim, après s'être traîné avec peine jusqu'au haut de l'escalier et avoir fait des efforts impuissants, soit pour soulever la pierre d'entrée, soit pour se faire entendre. Ses dents étaient enfoncées dans son bras gauche entièrement déchiré...

Au mois de mars 1834, un jeune Belge qu'on disait *mort*, fut sur le point d'être enterré vivant. Son ami d'enfance venait d'exprimer, par de touchants adieux sur le bord de la tombe la profonde douleur des assistants, lorsqu'un fossoyeur, armé d'une pelle, parut au milieu d'eux, et commença à combler l'ouverture. Le bruit de quelques pierres qui tombaient sur la châsse, contrastait entièrement avec le silence et la consternation générale qui régnait en ce moment, lorsque la voix d'un être souffrant vint mettre un terme à cette scène imposante et solennelle. Il y a de ces situations qu'on ne peut apprécier qu'en les voyant (1).

Dans la petite ville d'Avranches, deux personnes, dont l'une existait encore à ma connaissance, au mois de novembre 1833, subirent la même aventure, au genre de maladie près.

C'est ce qui a eu lieu, comme je pourrais le prouver, à Paris, à Lyon, à Bordeaux, à Marseille, à Nantes et à Louviers.

Londres, Yorck et Douvres, en Angleterre; Édimbourg et Glascow, en Écosse, ont servi de théâtres divers à d'affreuses méprises : j'en ai recueilli des documents incontestables.

Mais en montrant le savoir-faire de certains

(1) Pour de nouveaux exemples, voir le *Constitutionne!* des 23 et 30 septembre 1834.

praticiens dont je respecte d'ailleurs et le ca-
ractère et le profond savoir, je craindrais de
les compromettre d'autant plus inutilement
que bien d'autres (trop nombreux pour les ci-
ter) marchent sur leurs traces.

Les motifs précités ne me permettent donc
pas de m'exprimer d'une manière plus explicite.
Mais cependant, me sera-t-il permis d'affirmer
avec raison :

— Que les véritables signes de la *mort* sont
généralement douteux ; qu'il y a des précautions
à prendre pour ne point porter dans le séjour
des morts un malade dont la vie est suspendue
ou latente, et non éteinte ;

— Que la législation qui régit la police des
cimetières est incomplète ;

— Et qu'*aucune preuve dogmatique n'est pos-
sible en médecine ;*

Car, voyez-vous, les spécialités échappent ;
elles fuient incessamment à l'examen des plus
profonds observateurs !

Parmi les plus célèbres médecins de la capi-
tale, il en est actuellement trois qui, dans un
accès de bonne foi et de désintéressement, ne

5

m'ont point contesté l'évidence de ces axiômes.

« L'infaillibilité, me disait l'un, ne garantit
« aucunement nos décisions. La science mar-
« che toujours à pas comptés. La théorie se
« perfectionne, il est vrai ; mais l'application en
« est si difficile, que, parfois, nos confrères s'é-
« garant dans le vaste champ des incertitudes
« deviennent encore dupes... aux dépens de
« leur malades. »

Que ce langage ne surprenne aucunement.
C'est un philosophe qui s'est exprimé en ces
termes. Il avoue noblement que le dogme de
l'infaillibilité scientifique est chose absurde et
révoltante.

VII.

Rosoline d'Ab**.

―――――

> .... Il n'y eut jamais de fille aimante comme
> celle-là.
>
> L. Urland.

Mais, s'il est aisé de recueillir des exemples plus ou moins récents de personnes revenues à la vie avant ou pendant le transport en terre, n'y a-t-il pas une forte présomption, je le demande encore, à croire qu'à tous instans elles peuvent être enterrées vivantes ?

Toi, dont l'ame était pure comme un jour calme et serein, jeune Rosoline, que ne m'est-il permis de révéler, sans voile aucun , la funeste méprise qui t'arracha, ainsi qu'une belle fleur, aux soins assidus de ta famille !

Il n'y a pas encore deux étés (1) que ta voix charmante , unie aux sons mélodieux d'une harpe d'or, faisait éprouver les sensations les plus vives et les plus durables !... Et voilà que la mort a déjà interrompu le cours de ton existence vierge !... Tu n'es plus !!...

Maudite soit la science orgueilleuse , mais vaine, qui prononça d'ici bas ton bannissement éternel !!...

Hélas ! l'homme qui ne cessa de t'aimer avec ardeur eût-il versé des larmes de sang sur l'affreux appareil du supplice que tu enduras , si, moins livré à sa douleur et mieux inspiré , il avait su communiquer ses tardifs pressentimens au vieux et illustre auteur de ta vie ? Quels sacrifices auraient coûté à la tendresse d'un père pour tâcher de ranimer ton beau corps, empreint des sygmates les plus trompeurs ?...

(1) La première édition de cette brochure parut vers la fin de 1833.

Le triste événement ! Il ne se perdra pas sitôt dans l'oubli, car le nom de Rosoline est gravé dans un cœur qui se reconnaissait digne d'elle.

. . . .

Que les souffrances du monde moral sont grandes pour celui qui en demeure atteint !... Lorsque, suivant le cours régulier des lois universelles, le sommeil vient étendre silencieusement son sceptre magique sur une partie des habitants de la terre, X**, lui seul, consacre ses veilles aux méditations les plus sérieuses sur la condition humaine. Et quand, accablé de son existence d'homme, il entend sonner *deux heures* (1), l'inconsolable amant, ému de compatissance au souvenir du passé, s'écrie avec amertume :

(1) Ce fut un mois après la mort de Rosoline d'Ab*... à deux heures du matin, que son amant voulut vérifier ses tardifs soupçons. Assisté d'un serviteur, il parvint à découvrir le cercueil de sa maîtresse, et aperçut aussitôt une main décharnée qui s'était fait passage à travers les jointures de deux planches.

Peu de temps après, il écrivit à l'esculape de Rosoline d'Ab*... une lettre dont voici la traduction :

« Votre inexpérience a détruit tout mon bonheur...; cependant « je ne vous haïrai pas. »

« *Morte* dans les convulsions d'une lente ago-
« nie !... *Morte* en luttant contre le néant !...
« Quelle destinée ! .   .   .   .

.   .   .   .

« Nuit déplorable ! c'est toi qui couvris ce
« grand méfait de la PROVIDENCE. .   .   .   .

« La PROVIDENCE ! aurait-elle donc voulu pré-
« sider au martyre d'une jeune fille innocente?

.   .   .   .

« Humanité ! les maux que tu endures depuis
« le berceau jusqu'à la tombe, justifient à mes
« yeux le dogme effrayant du scepticisme ; car

« Quand le cœur est forcé de haïr, dit le poëte d'Aberdeen, les
« tourmens qu'il endure ressemblent à ceux qu'éprouveraient les
« morts s'ils sentaient tout à coup les vers glacés du sépulcre ram-
« per sur leurs chairs à demi rongées, sans pouvoir écarter loin
« d'eux ces reptiles dévorants. »

X**...

Voici l'inscription qui se trouve gravée sur la tombe de cette
victime de la précipitation :

Here lies
The remains of E**. R**. d'Ab**.
Born in Manchester,
Who departed this life
On the 2ᵈ june
1831,
Aged 17 years.

« ce Tombeau et cette Providence éternisent ma
« croyance en lui servant de démonstration ! »

L'athée se taît enfin ; mais l'écho craignant
Dieu, ne redit seulement pas ses accents de
malheur.

Étrange condition des hommes, écrivait un
savant naturaliste (2), ils sont exposés à des
jeux du hasard, tels qu'on ne peut même se
fier à la *mort*.

(1) Pline.

VIII.

Cérémonies des funérailles chez les Anciens. Urgence des nouvelles mesures à prendre.

> Nous n'avons pas le droit d'enterrer les vivans, et personne ne se soucie d'être victime de notre promptitude en fait d'inhumation. — Ceux-là même qui font le moins de cas de la vie, ne veulent pas être exposés à souffrir les tourmens d'un pareil supplice.
>
> Viennet, de l'Acad. franç.
> (*Lettre à l'Auteur*).

La crainte que je manifeste ne saurait être le résultat d'une imagination exaltée ; c'est le sentiment du bien de l'humanité, ce sont des exemples qui laissent entrevoir à tous les hom-

mes la prespective d'une réalité... A TOUS LES
HOMMES, car les plus puissants d'entre eux peuvent aussi redouter ce que j'annonce.

Il n'est aucun de nous qui puisse se flatter
d'entrer paisiblement dans la tombe !

Ici, l'Égalité est un mot plein d'horreur!!...
Je parle de l'Égalité devant la MORT....

Que si mes juges étaient portés à condam-
ner ce qui précède, je les prie, avant tout,
de se rappeler quelques circonstances très-
remarquables dans l'histoire, lesquelles mili-
tent fortement en faveur de cet écrit.

Non seulement la cérémonie des funérailles
commençait chez les Romains dès qu'un homme
se *mourait*, mais encore il faut remarquer qu'a-
vant de livrer le corps aux flammes du bûcher,
on l'appelait plusieurs fois par son nom (1) à
haute voix, pour tâcher de connaître s'il était

(1) Cet usage est la *conclamation*. Properce nous apprend ce
que l'on espérait de la *conclamation* par ces vers qu'il met dans la
bouche de Cynthie :

　　At mihi non oculos quisquam inclamavit euntes,
　　　Unam impetrâssem, te revocante, diem.

réellement *mort* ou seulement tombé en léthargie. Loin de se borner simplement à la voix pour les personnes de qualité, on employait même le son aigu des buccins et des trompettes, toujours avant de remettre le corps entre les mains des libitinaires.

Telle était la coutume d'un grand peuple, coutume imparfaite, je l'avoue, mais respectable, puisque son but était humain.

Quelques relations nous apprennent aussi que ç'a été un usage, qu'arrivés au tombeau, les Turcs tiraient le *mort* du cercueil et le descendaient dans la fosse en prononçant quelques sentences du Koran, mais *sans jeter immédiatement la terre sur le corps*; et, afin de lui donner un peu d'air, on posait de longues pierres en travers, formant une espèce de voûte.

Ce point d'une religion superstitieuse et intolérante, comme le sont toutes les religions artificielles, pouvait cependant bien être le fruit d'une expérience longue et consommée.

En Afrique, dès qu'un Nègre de la Côte-d'Or est mort, ses parents et ses amis se rassemblent autour de son corps, se lamentent long-temps et lui adressent, à haute voix, différentes questions. Des femmes font un bruit continuel en poussant des cris lugubres.

Du Halde qui a décrit les cérémonies funèbres de la Chine, nous apprend qu'un Chinois est libre de garder chez lui le corps d'un parent ou d'un ami pendant un espace de temps indéterminé.

Si je ne m'adressais à des hommes dont les connaissances surpassent infiniment les miennes, je passerais encore en revue les coutumes des principales nations de l'Antiquité, et je m'attacherais à faire ressortir la prudence et la sagesse extrême qu'apportaient les magistrats dans l'exécution des réglements relatifs aux funérailles. Mais je m'arrête, forcé de reconnaître que les disciples ont peu de choses à dire en face des maîtres, et surtout qu'ils n'ont rien à leur apprendre.

Pour démontrer cependant que de nouvelles mesures auraient leur utilité, je trouve à propos de dire ce qui faillit survenir à Milady Roussel et à deux autres personnes. La première dut la vie à la rare tendresse de son

époux, Officier anglais. Aucun signe de putré-
faction ne s'étant manifesté, la *morte* se ré-
veilla *sept jours* après, au bruit que faisaient les
cloches d'une église voisine.

Licetus parle d'une religieuse de Brescia qui
resta *dix jours* dans un état apparent de *mort*.

L'aventure extraordinaire de ce commerçant
qui, revenant d'un voyage *deux jours* après la
mort de sa femme, la trouva exposée à sa porte
au moment précis où le clergé allait s'emparer
du corps, mérite aussi quelque attention. Voulant s'assurer de sa *mort*, il lui fit faire des sca-
rifications et appliquer des ventouses; on en
avait déjà mis vingt-cinq sans succès, lorsqu'une vingt-sixième fit crier à la *morte* : « Ah
« que vous me faites mal! »

IX.

Projet. — Objections principales qui ont été faites.

> .... Vous savez que l'homme ne marche qu'à pas lents et mesurés dans la voie des améliorations. — Je n'ose prédire quel sera le jour où l'on fera droit aux motifs louables qui vous ont dicté cet écrit important.
>
> Général LAFAYETTE. (*Lettre à l'Auteur*).

Il est un moyen de rémédier à ces malheurs *toujours possibles*, et son exécution facile et peu dispendieuse ferait honneur, il me semble, à la philanthropie du peuple français.

Je ne demanderai ni *soixante* ni *soixante-douze heures de délai* avant l'inhumation, ainsi que l'ont réclamé les médecins Rhazès et Arnault de Villeneuve. La plus grande imprudence consisterait ici *à vouloir limiter les opérations de la nature dans leur durée.* — Avant d'ordonner l'inhumation, laissons faire à la MORT : ses conquêtes sont assez rapides par elles-mêmes ; regardez : tout se flétrit à son approche ; tout devient poussière en sa présence ; il n'y a que la VERTU et la GLOIRE qui traversent majestueusement les siècles.

Mais ne serait-il pas nécessaire qu'on fît l'acquisition d'une ou de plusieurs salles qui seraient destinées, dans chaque commune, à recevoir provisoirement tous ceux qui sembleraient morts, jusqu'à l'heure où la *mort absolue,* duement constatée par procès-verbal, permettrait de les inhumer en dernier lieu ? Je suis d'avis que tout le monde devrait coopérer à l'installation de cet établissement ; à défaut de ressources communales, l'État devrait y pourvoir.

L'adoption immédiate de ce projet ne saurait être une infraction aux réglements sanitaires actuellement en vigueur, puisque l'édifice dont il s'agit, serait construit à l'écart des villes, dans l'intérieur des cimetières, voire même sous terre, et qu'une sage prévoyance dirigerait cette institution de manière à paralyser les effets du gaz cadavereux dont l'extrême subtilité pourrait vicier l'air et compromettre la santé publique.

Il m'a été écrit en 1832 :

« Les mesures que vous proposez sont à peu « près *impraticables*, dans la plupart des locaq « lités, *à cause des dépenses considérables* qu'elles « exigeraient. »

Victimes dont une erreur fatale creusa le tombeau, vos mânes, s'il se peut, doivent tressaillir d'indignation !

Des dépenses considérables !!.... Mais un tel raisonnement jure, il contraste honteusément avec les intérêts bien compris de l'humanité !

Chaque fois qu'il s'agit d'améliorer la condition de son semblable, je prétends qu'on doit écarter, tout d'abord, les considérations mesquines de l'économie.

Vous qui craignez d'autoriser *des dépenses considérables* devant les portes de l'éternité, rassurez-vous sur l'objet de ma demande : le plan que j'ai tracé sera d'une exécution *peu coûteuse.*

Une salle mortuaire, une morgue, dans son architecture, n'a besoin d'égaler ni la fastueuse magnificence des palais, ni la beauté des obélisques, ni la majesté des arcs de triomphe ou des colonnes que la patrie justement reconnaissante élève en l'honneur des grands citoyens.

Des mesures à peu près semblables à celles que je propose existent déjà dans quelques villes de l'Angleterre et de l'Allemagne.

Ce serait encore une bien légère conclusion que de répliquer avec le même :

« Les réglements fixent d'ailleurs un délai « *suffisant* entre la *mort* et *l'inhumation*. Les « *véritables* signes de la *mort* sont maintenant « *assez bien connus* pour que l'on n'ait point à « craindre des erreurs semblables à celles dont « le passé nous offre malheureusement *quelques* « exemples. »

Car cela ne répond aucunement à mes citations.

Non, les réglements ne fixent pas un délai *suffisant* entre la *mort* et *l'inhumation*.

Non, les véritables signes de la *mort* ne sont pas *assez bien connus* pour qu'on puisse s'en rapporter exclusivement aux gens de l'art.

Gardons-nous de rejeter toute crainte actuelle relativement aux erreurs dont le *passé* et le *présent* nous offrent de fréquens exemples (1).

Entr'autres journaux, *le Siècle* du 5 janvier 1837, a publié l'article suivant :

« On écrit de Bourg :

« On se rappelle l'inhumation qui a eu lieu
« dernièrement dans un canton suisse, d'un
« homme qu'on croyait *mort* et qui n'était
« qu'endormi. Un de nos abonnés nous écrit
« qu'un fait analogue a failli se passer à Mo-
« restel (*Isère*) ; heureusement le prétendu

---

(1) Reconnaissant que la lettre dont j'ai cité quelques passages est conçue dans un esprit et dans des termes qui dénotent la politesse extrême du signataire, je crois remplir un devoir en assurant qu'aucun motif ne saurait me porter à des personnalités offensantes envers quiconque ne partage point mon opinion, et que je m'exprime en termes généraux.

« *mort* est sorti à temps de son assoupisse-
« ment.

« C'est le 25 au matin qu'on avait annoncé
« dans le village la *mort* de M. Carus, ex-per-
« cepteur, vieillard de 82 ans ; déjà les *vingt-*
« *quatre heures* pour le délai *nécessaire* avant
« l'enterrement étaient écoulées, la cloche son-
« nait pour les funérailles, et le menuisier con-
« fectionnait le dernier vêtement du défunt,
« lorsqu'au moment où on le mettait dans le
« cercueil, celui qu'on croyait *mort* se réveille
« et se met à se débattre dans les langes dont
« on l'avait enveloppé ; il demandait à boire.

« On fut d'abord effrayé ; puis, de la frayeur
« on passa bientôt à la joie, et le petit-fils du
« nouveau Lazarre alla au cabaret du coin dé-
« penser avec des amis l'argent qui devait être
« consacré aux funérailles de son aïeul. »

Ce fait, ajoute M. le rédacteur du *Siècle*, est
une nouvelle preuve du danger des inhumations
précipitées ; il doit prémunir, de plus en plus,
contre cette coutume qui peut avoir de si dé-
plorables résultats.

Je n'oublierai pas, à cette occasion, de consigner ici que parmi les individus qui sentent les approches de la *mort*, il en est qui indiquent des expériences afin qu'on essaie de les ramener au sentiment de la vie, et qui sollicitent avec instance qu'on ne les enterre qu'après un délai suffisant et raisonnable.

Que font toutes ces prières?

La routine nous avertit gravement de ne point choquer les usages, et elle invite les parties intéressées à mourir de bonne grâce, sans discuter ni raisonner sur cette affaire de haute importance.

Au fait, pour rentrer dans mon sujet, où est celui qui ne consacrerait volontiers une minime portion de son bien dans l'intention généreuse de contribuer à la création du nouvel état de choses que j'indique, et dont l'objet suivant, M. l'ex-préfet de police, (1) est incontestablement *de nature à fixer l'attention en faveur de l'humanité?*

Que l'égoïste prononce lui-même; je sais d'avance quelle sera sa réponse:

(1) Lettre à l'Auteur. *Janvier* 1834.

Quoi ! s'écriera-t-il en reculant d'effroi , on voudrait que nous restassions là , assis tranquillement sur les bords du gouffre incommensurable qui a englouti nos pères , nos amantes et nos fils?

Aux sarcasmes indécens de ce Député-médecin qui chercha à faire un jeu de mots lors et sur le renvoi de cet ouvrage à M. le Ministre de l'Intérieur ; — A ceux-là qui interpellent lâchement tous leurs adversaires pour les com battre avec les armes de la sottise, — loin de moi la pensée de répondre aux pauvres efforts de leur glaciale ironie. J'ai réuni à ma cause, je suis forcé de le déclarer, tout ce qu'il y a de sentiments élevés et de réputations éclatantes ; entouré de glorieux suffrages, que m'importent les réfutations de la mauvaise foi et de la malveillance?

X.

Ce que nous encourons tous.

————

Songeons que dans les entrailles de la terre ,
l'homme peut encore souffrir.... ce sont des
maux de courte durée, il est certain , mais
combien ils doivent être grands !....

Le héros qui a montré du courage dans les
combats, frémirait involontairement s'il pres-
sentait devoir subir un jour ce genre de *mort*
violente.

Figurons-nous le douloureux étonnement
d'un être qui retrouve, pour ainsi dire, une
nouvelle existence dans son étroite et dernière

demeure ; imaginons sa position, ses efforts impuissants, ses angoisses indicibles...; l'idée, l'idée désespérante qu'à quelques pouces au-dessus de lui se trouve un air salubre qui le rendrait à la santé !... Tortures nombreuses qui durent quelques secondes.... Il expire enfin. Que dis-je ! exhalant sa rage dans un lien mortuaire, il suffoque, il achète le droit d'habiter le champ du repos, au prix des épreuves les plus atroces!!!. . . . .

. . . .

Et bien! qui aimerait à se réveiller d'entre les *morts* pour contempler sa propre infortune au fond d'un pareil enfer?

Ce que je décris est-il donc moins attendrissant que l'aventure de Ghérardesca, qui, voyant ses fils épuisés par une faim dévorante, collant leurs bouches avides à ses mains décharnées, et voulant le nourrir de leurs corps, lui-même de ses bras leur offrait les lambeaux?

Ciel! nous marchons aux convois de nos frères; nous répandons des pleurs sur leurs tombes ; nous révérons la mémoire de nos proches, de nos bienfaiteurs, de nos amis;

et une conjoncture inouïe peut venir exciter en nous la crainte et l'horreur!!...

Aux idées de dissolution, d'anéantissement, viennent s'offrir de plus lugubres images!!...

Dis, Lecteur, une telle réflexion n'est-elle point faite pour plonger l'ame dans les épouvantements de la *mort?*

Vieillards, dont les nobles fronts penchent déjà vers la terre, avez-vous quelquefois envisagé de cette sorte la dernière heure du songe de la vie?

En vérité, si la hàche brillait soudain devant mes yeux pour faire tomber une tête aux pieds de la justice des hommes, j'affirme que ce crime de lèse-nature serait moins capable d'émouvoir mes sens!

Plaignons, il faut s'en faire un devoir, plaignons les malheureux... — Si l'homme est né pour supporter le fardeau de la peine, si son sort consiste à être plongé dans les larmes que lui suscite la politique des agitateurs, ces infâmes esclaves du mensonge, de la ruse et de la calomnie; si le globe, fécondé par la destruction, est un vaste amphithéàtre sans cesse mouvant sous nos pas, et couvert du sang des familles innombrables qui diparaissent, emportées par la roue du temps, ah! du moins, en présence de ces calamités et de ces misères inévitables, préservons-nous mutuellement des appréhentions sinistres de la *mort!*

Écoutons la sublime inspiration qui nous enseigne à tous combien il est beau d'être philanthropes!

Les pensées qui m'animent à cette heure, j'ose en tirer vanité, sont totalement en dehors de la fiction; elles sont aussi vraies que nationales. Siégeant, il y a quelques mois (1) au sein d'une Société étrangère devenue célèbre par les travaux importants auxquels elle se livre, je me souviens que mes faibles paroles produisirent sur mes honorables collégues un effet progressif de silence, de gravité religieuse et de tristesse profonde. C'est qu'il existe dans l'homme une entière sympathie pour ce qui se rattache aux destinées de ses semblables. L'Eu-

(1) Voir la note page 56.

ropéen surtout comprend toute la sainteté de ce devoir.

— « Rien ne prouve mieux, a dit un écri-
« vain, combien un certain état de vie ressem-
« ble à l'état de mort. Rien aussi, ne serait
« plus raisonnable et plus selon l'humanité que
« de se presser moins qu'on le fait d'abandon-
« ner, d'ensevelir et d'enterrer les corps : pour-
« quoi n'attendre que *dix, vingt* ou *vingt-quatre*
« *heures,* puisque ce temps ne suffit pas pour
« distinguer une *mort vraie* d'une *mort appa-*
« *rente,* et qu'on a des exemples de personnes
« qui sont sorties de leur tombeau au bout *de*
« *deux ou trois jours ?* Pourquoi laisser avec
« indifférence précipiter les funérailles des per-
« sonnes mêmes dont nous aurions ardemment
« désiré de prolonger la vie ? Pourquoi cet usage
« au changement duquel tous les hommes sont
« également intéressés, subsiste-t-il ? Ne suffit-il
« pas qu'il y ait eu quelquefois de l'abus par
« les enterrements précipités, pour nous enga-
« ger à les différer ?

« La plupart des peuples sauvages font plus
« d'attention que nous à ces derniers instants ;

« ils regardent comme le premier devoir ce qui
« n'est chez nous qu'une cérémonie ; ils res—
« pectent leurs morts ; ils les habillent, ils leur
« parlent ; ils récitent leurs exploits , louent
« leurs vertus : et nous qui nous piquons d'être
« sensibles, nous ne sommes pas même hu-
« mains ; nous les fuyons, nous les abandon-
« nons, nous ne voulons pas les voir ; nous
« n'avons ni le courage, ni la volonté d'en par-
« ler ; nous évitons même de nous trouver dans
« les lieux qui peuvent nous en rappeler l'idée ,
« nous sommes trop indifférents ou trop fai-
« bles (1). »

Le projet que j'ai soumis n'est point telle-
ment exclusif qu'on ne puisse peut-être en pré-
senter un meilleur. Je prie donc les Philanthropes et particulièrement les Législateurs, de
méditer sur cette intéressante question, con-
sistant à savoir si, comme je le déclare , il im-
porte que la législation qui régit la police des
cimetières soit revisée.

(1) Histoire naturelle de l'homme et de la femme, un volume.

En coûterait-il un peu d'or, ce serait au profit des membres de la grande famille. Le bien-être sociale ne se marchande point.

Parlez, faites connaître votre assentiment sur cet acte d'utilité générale, et l'on vous devra encore un nouveau pas dans la civilisation, ô missionnaires de paix ! vous tous dont le zèle et l'influence secondent si merveilleusement les continuels efforts de la presse philosophique, de cet éloquent adversaire du désordre, qui remue les esprits, fait germer en eux la foi illimitée des grandes choses, et conduit droit au progrès avec une puissance surhumaine.

Donnez tous les développements nécessaires à cette pensée consolante qu'au lit de la *mort*, il y a des circonstances où l'on peut espérer avec quelques fondements, de dissiper l'état de *mort imparfaite*, car, sachez-le, ce sera continuer à remplir les desseins de celui qui se complaît en vous pour améliorer, de plus en plus, la condition très-imparfaite de ses créatures.

Et l'amant de Rosoline, ce proscrit du monde, pour lequel ne se rallumeront jamais

les flambeaux de l'espérance ni ceux de l'a
mour, sera dignement vengé si la révélation
de son malheur extrême contribue à en ga-
rantir la masse des humains.

— En résumé, ayant parlé en faveur de
tous, je dois supposer qu'on ne me taxera
point d'avoir écrit sous l'inspiration d'une
crainte uniquement personnelle. — J'ai envisagé mon sujet sous un point de vue plus large
et plus conforme à mes pensées. — Puisse donc
ma parole être entendue, comprise et favora-
blement accueillie !

S. Le Guern.

OUVRAGES PRINCIPAUX

A CONSULTER.

GARDANES. — *Avisos interessantes sobre as mortes appa-rentes.* Lisb. 1790.

WINSLOW. — *An mortis incerta signa, minus incerta à chirurgicis quam aliis experimentis.* Paris 1752.

BRYSCHLAC. — *Sylloge var. opuscul. de hominum à morte ressuscitatorum exemplis, etc.* Franck. med. pol.

MENGHIM. — *Diss. de incertitudine Signorum vitæ et mortis.* Vindob. 1768.

KIRCHMAYER. — *Diss. de hominibus appar. mortuis.* 1681.

LOUIS. — *Lettres sur l'incertitude des signes de la mort.* Paris 1752.

PÉRONNE.
G. DEPREZ,
IMPRIMEUR.
1837.

CPSIA information can be obtained
at www.ICGtesting.com
Printed in the USA
LVHW061336241118
598133LV00011B/234/P

9 781271 590292